기절초풍 곤충 기르기

루스 호로비츠 글 | 조안 할럽 그림 | 김은정 옮김

큰북작은북

기질초풍 곤충 기르기

루스 호로비츠 글 | 조안 할럽 그림 | 김은정 옮김
처음 찍은날 2007년 9월 22일 | 처음 펴낸날 2007년 9월 29일
펴낸곳 큰북작은북(주) | 펴낸이 김혜정 | 출판등록 제307-2005-000021호
주소 136-034 서울 성북구 동소문동 4가 75-2 브라더리빌딩 702
전화 (02)922-1138 | 팩스 (02)922-1146

BIG SURPRISE IN THE BUG TANK
by Ruth Horowitz, pictures by Joan Holub
Text copyright © 2005 by Ruth Horowitz
Pictures copyright © 2005 by Joan Holub
All rights reserved including the right of
reproduction in whole or in part in any form.

This Korean edition was published
by KBJB Publishing Co., Ltd. in 2007
by arrangement with Dial Books for Young Readers,
a division of Penguin Group Young Readers Group,
a member of Penguin Group (USA) Inc., New York
through KCC(Korea Copyright Center Inc.), Seoul.

이 책의 한국어판 저작권은 (주)한국저작권센터(KCC)를 통해
저작권자와 독점계약한 큰북작은북(주)에 있습니다.
신저작권법에 의하여 한국내에서 보호를 받는 저작물이므로
어떤 형태로도 전재나 복제를 할 수 없습니다.

ISBN 978-89-91963-37-5

차례

애완곤충 기르기 5

바퀴벌레를 팝니다! 13

놀라운 선물 21

상품은 바퀴벌레 31

돌아온 바퀴벌레 41

애완곤충 기르기

 우리 엄마의 직업은 진짜 멋지다. 엄마는 온갖 종류의 신기한 곤충들을 연구한다. 엄마가 연구하는 곤충들 가운데 동생과 내가 가장 좋아하는 것은 쉭쉭 소리를 내며 다니는 커다란 바퀴벌레들이다.

어느 날, 내 동생 레오가 엄마한테 연구실에 있는 바퀴벌레 몇 마리를 집으로 가져가도 되느냐고 물었다.

"제발, 상자 위쪽에 붙어 있는 과일파리도 함께 가져가게 해 주세요, 네?"

레오가 애교를 부리며 말했다.

"곤충을 돌보는 일이 얼마나 힘든데……"

엄마가 걱정하는 것 같아서 내가 얼른 말했다.

"우리는 타고난 곤충 도우미들이에요. 잘 키우겠다고 맹세할게요."

결국 엄마는 우리한테 바퀴벌레를 한 마리씩 고르라고 했다.
"너를 뿔피리라고 부를 거야."
동생은 머리에 뿔이 난 바퀴벌레를 고르며 말했다.

"네 이름은 쉭쉭이다."
내 바퀴벌레는 쉭쉭거리기도 잘하고 소리도 무척 컸다.

"두 마리가 같이 있으면 골치 아픈 일이 생길 텐데……"
엄마가 말했다.
"걱정하지 마세요! 우리가 잘 돌볼게요."
내가 자신 있게 말했다.

우리는 바퀴벌레들에게 개 먹이를 주고, 침대로 쓰라고 다 쓴 두루마리 화장지의 둥근 통을 넣어 주었다. 그런데 뽈피리는 먹이 위에서 잠을 자고, 쉭쉭이는 침대를 물어뜯었다.

어느 날, 우리는 곤충 통 안에서 흰 알갱이들을 발견했다.

"엄마, 통 안에 쌀이 들어 있어요!"

내가 소리쳤다.

"그건 쌀이 아니야. 뿔피리와 쉭쉭이에게 새끼가 생긴 거란다."

엄마가 가르쳐 주었다.

"와, 난 이제 곤충 아빠다!"

동생은 팔짝 뛰면서 좋아했다.

여섯 달 뒤에, 바퀴벌레 새끼들은 엄마 아빠만큼 커졌다.
더듬이가 구부러진 녀석은 구불이,

뱅글뱅글 도는 녀석은
뱅뱅이,

느린 녀석은 굼벵이, 빠른 녀석은 날쌘돌이,

거꾸로 매달려 허연 배를 드러내는
녀석은 반짝이,
자꾸 벽에 부딪히는
녀석은 콩콩이,

이렇게 모두 여섯 마리였다.
우리는 커다란 빵 조각을 발견한 개미들처럼 행복했다.

"애들아, 이 바퀴벌레들이 곧 새끼를 낳을 거고, 그 새끼들이 또 금방 새끼를 낳게 될 텐데 어떡할래? 눈 깜짝할 사이에 곤충 통 안이 바퀴벌레들로 가득 찰걸."

엄마가 말했다.

"그럼 어떻게 해요?"

내가 물었다.

"좋은 방법을 한번 찾아보렴. 안 그러면 너희는 벌에 쏘인 것처럼 쩔쩔매다가 곤충 통을 내버리게 될 거야."

엄마가 말했다.

바퀴벌레를 팝니다!

"엄마 말이 맞아. 형, 나한테 좋은 생각이 있어! 내가 형을 백만장자로 만들어 줄게."

동생이 큰소리쳤다.

"그래, 뭐든 해보자. 잘못하면 바퀴벌레들이 우리 겨드랑이 속으로 파고들지도 몰라."

내가 말했다.

이튿날, 우리는 조그만 탁자 하나를 밖으로 들고 나가 그 위에 곤충 통을 올려놓고서 이렇게 써 붙였다.

바퀴벌레를 몽땅 1,000원에 팝니다!

조금 있다가 한 여자가 우리 쪽으로 다가왔다.

동생이 반갑게 말을 건넸다.

"웃는 모습이 참 예뻐요. 바퀴벌레 애호가의 미소를 지니셨어요."

그런데 여자는 그냥 미소만 짓는 게 아니라 폭소를 터뜨리며 배를 잡고 웃었다.

"세상에, 바퀴벌레를 판다고?"

여자는 뒤돌아 가면서도 계속 깔깔거렸다.

"원 스트라이크!"

내가 동생을 보며 말했다.

"쉿, 저기 누가 또 와."

동생이 말했다.

이번에 온 남자는 웃지 않았다.

"더럽고 소름 끼치는 바퀴벌레를 천 원에 판다고?"

남자는 고개를 절래절래 흔들며 가 버렸다.

"투 스트라이크!"

내가 말했다.

그래도 동생은 기죽지 않고 큰소리쳤다.

"걱정 마, 형. 저기 오는 여자 아이 보이지? 저 애가 바퀴벌레를 사지 않으면, 앞으로 형이 시키는 대로 뭐든 다 할게."

"엄마, 바퀴벌레를 판대요!"
여자 아이가 소리쳤다.
"하나만 사 주세요. 네? 딱 하나만요."
"안 돼! 너한테는 이미 생쥐도 있고 말도 있잖아. 바퀴벌레 따위는 필요 없어."
여자 아이의 엄마가 딱 잘라 말했다.

"난 저 바퀴벌레가 꼭 갖고 싶어요!"

아이는 계속 엄마를 졸라 댔다.

"샐리야, 그만 좀 해라! 이따가 만화영화 비디오테이프 빌려 줄게."

엄마가 달래듯이 말했다.

"둘 다 해 주시면 안 돼요?"

아이는 계속 졸랐지만, 결국 엄마한테 끌려가고 말았다.

"스트라이크아웃! 아, 백만장자의 꿈은 어디로 갔나?"

내가 한숨을 쉬며 말했다.

놀라운 선물

"이제 뭘 해야 할지 알겠어."

내가 동생한테 말했다.

"사람들은 놀라운 것을 좋아해. 그러니까 우리 바퀴벌레들을 놀라운 선물로 변신시키는 거야. 그러면 사람들이 좋아할 거야. 음료수 내기 하자."

우리는 창고를 뒤져 빈 상자를 꺼내다가 예쁘게 포장했다. 그러고는 상자 안에 개 먹이와 두루마리 화장지 통과 바퀴벌레 세 마리를 넣었다.

상자 뚜껑에는 '당신을 위한 놀라운 선물'이라고 쓴 쪽지도 붙였다.

우리는 상자를 들고 조 아저씨네 집으로 갔다.

"아저씨, 놀라운 것을 좋아하세요?"

"물론이지!"

아저씨가 대답했다.

"짜잔!"

우리가 소리치며 뚜껑을 연 순간, 조 아저씨의 얼굴에서 웃음이 싹 사라졌다.

"아니, 대체 그게 뭐냐?"

아저씨가 놀라며 물었다.

"커다란 바퀴벌레들이에요."

동생의 대답에, 내가 얼른 덧붙였다.

"훌륭한 애완곤충이죠."

"얘들아, 고맙지만 나한테는 이미 말이 있단다."

"원 스트라이크!"

동생이 나를 보며 말했다.

우리는 플로 아주머니네 집으로 갔다.

"아주머니, 놀라운 것을 좋아하세요?"

"뭐, 그렇다고 할 수 있지."

아주머니가 웃으며 대답했다.

"자, 놀라운 것을 보세요."

우리는 뚜껑을 열고 상자를 앞으로 쑥 내밀었다.

"얘는 반짝이예요. 좋은 친구가 되어 줄 거예요."

내가 말했다.

"어머나! 얘들아, 나는 물고기들을 돌봐야 한단다."

아주머니가 뒤로 물러서며 말했다.

"투 스트라이크!"

동생이 말했다.

우리는 실망한 채 집으로 돌아왔다.

"문제가 생기면 나는 늘 도서관에 간단다."

엄마가 말했다.

"엄마는 역시 똑똑해요!"

내 말에, 동생이 맞장구를 쳤다.

"반딧불이처럼 반짝반짝하다니까요."

도서관에는 사서 선생님이 있었다. 선생님은 단추와 팽이와 주전자를 수집한다.

우리는 선생님한테 바퀴벌레를 보여 주었다.

"이런 굉장한 애완곤충을 갖고 있다니 너희는 참 운이 좋구나!"

"선생님도 운이 좋으세요. 이 바퀴벌레를 선물로 드릴게요."

내가 상자를 내밀며 말했다.

"얘들아, 고맙지만 나는 이 곤충들을 돌볼 수가 없단다. 바퀴벌레를 만지지 못하거든."

선생님이 손사래를 치며 말했다.

"또 스트라이크아웃인가 봐!"

동생이 말했다.

"만약 애네들한테 새집을 구해 주지 못하면, 우리 집은 바퀴벌레들로 가득 차서 아마 우리 귓속까지 들어갈 거예요."

동생과 내가 시무룩한 표정으로 말했다.

"흠, 생각 좀 해 보자. 뭔가 방법이 있을 거야."

선생님은 곰곰이 생각하더니 이렇게 말했다.

"아이들은 신기한 애완동물을 좋아하니까, 여기에서 '신기한 애완동물 경연대회'를 열자꾸나. 그때 너희 바퀴벌레를 상으로 나누어 주는 거야. 어떠니?"

"참 좋은 생각이에요!"

내가 소리쳤다.

"선생님이 우리 귀를 구해 주셨어요."

동생이 말했다.

상품은 바퀴벌레

신기한 애완동물 경연대회가 열렸다.

한 아이가 조그만 장난감 보트를 가져왔다. 또 한 아이는 감자 화분을 들고 왔고, 또 다른 아이는 보이지 않는 사자를 데려왔다.

"너희가 내 커다란 사자를 볼 수 있으면 정말 좋을 텐데…… 지금 내 옆에서 으르렁거리고 있거든. 근데 내 사자는 몹시 수줍어해."

남자 아이가 말했다.

여러 갈래로 머리를 땋은 여자 아이는 돌멩이를 줄로 묶어 끌고 왔다.

"얘는 돌돌이야."

여자 아이가 돌멩이를 보며 말했다.

키가 큰 남자 아이는 뱀을 가지고 나타났다.

"내 애완동물은 목에 걸고 다닐 수도 있고, 한 달에 딱 한 번만 먹어서 기르기도 편해."

아이는 뱀을 목에 감고 자랑스럽게 말했다.

야구 모자를 쓴 여자 아이는 갓난아기를 안고 왔는데, 아기의 기저귀에다 긴 끈을 붙여서 마치 원숭이 꼬리처럼 만들어 놓았다.

"내 애완동물은 아기 원숭이야. 귀엽지?"

여자 아이가 말했다.

마침내 우리 차례가 왔다.

"우리는 진짜 놀라운 것을 가져왔어. 어른들은 잘 만지지도 못해."

동생이 말했다.

"바퀴벌레 가족인데, 엄마 아빠랑 그 사이에서 태어난 새끼 여섯 마리야. 빠른 녀석, 느린 녀석, 팽이처럼 뱅뱅 도는 녀석, 다들 얼마나 귀여운지 몰라!"

내가 설명했다.

"얘네들은 정말 놀라워! 뱀처럼 쉭쉭 소리도 잘 내고, 거꾸로 매달릴 수도 있어. 개 먹이를 먹고 두루마리 화장지 통에서 잠을 자."

동생이 덧붙였다.

"너희 모두 오늘 진짜 행운의 날이야! 우리 바퀴벌레를 갖고 싶은 사람 있으면 말만 해. 집에 가져가서 키울 수 있게 공짜로 나누어 줄게."

내가 말했다.

동생과 나는 상자 안으로 손을 집어넣었다. 우리가 손을 꺼내자, 바퀴벌레 여덟 마리가 줄줄이 손에 매달려 나왔다.

"어유, 징그러워!"

아이들이 술렁였다.

그때 한 아이가 소리쳤다.

"우아, 끝내준다!"

그러자 야구 모자를 쓴 여자 아이가 앞으로 나오며 말했다.

"내 아기 원숭이랑 바꾸자. 큰 걸로 두 마리만 줄래?"

"물론이지. 손 내밀어 봐."

동생이 바퀴벌레를 건네자, 여자 아이는 손을 내밀다 말고 뒤로 물러섰다.

"저기, 나는 그냥 내 원숭이를 돌볼래."

여자 아이는 부르르 몸을 떨며 말했다.

감자 화분을 가져온 아이는 바퀴벌레를 받다가 바닥에 떨어뜨렸다. 사자를 데려온 아이가 자기 발에 떨어진 바퀴벌레를 집어서 나한테 돌려주었다.

돌멩이를 끌고 온 여자 아이에게 준 바퀴벌레는 그 아이의 손에서 잠이 들었다.

"와, 돌돌이보다 훨씬 좋아!"

여자 아이는 무척 만족해했다.

점심때가 되자, 수줍은 사자를 데려온 남자 아이와 돌멩이를 끌고 온 여자 아이, 그리고 또 다른 용감한 아이들이 바퀴벌레를 상으로 받아서 집으로 돌아갔다.

"선생님, 고맙습니다!"
내 말에, 동생이 얼른 덧붙였다.
"선생님은 왕개미처럼 똑똑해요!"

돌아온 바퀴벌레

"엄마, 도서관에서 문제를 해결했어요!"

우리는 집으로 돌아와서 자랑스럽게 말했다.

그러고는 신나게 하이파이브를 하는데 전화벨이 울렸다.

"우리 집은 곤충 집이 아니야. 어서 이 징그러운 벌레들을 도로 가져가거라."

한 부인이 소리쳤다.

전화기를 내려놓자, 현관 초인종이 울렸다.

두꺼운 장갑을 낀 아저씨가 상자를 내밀었다.

"이걸 돌려주려고 왔단다. 우리 아이는 이 벌레를 상으로 받고 싶지 않았다는구나."

결국 우리 바퀴벌레들이 하나씩 모두 되돌아왔다.

"스트라이크아웃!"

내가 한숨을 쉬며 말했다.

"실망하기엔 아직 일러. 다시 잘 알아보면, 이 문제를 해결할 수 있을 거야. 도서관에 가서 해답을 찾아보자꾸나. 내 말이 맞으면 부엌에 쌓여 있는 설거지는 너희가 하기다."

엄마는 바퀴벌레 두 마리를 상자에 넣고서 우리와 함께 도서관으로 갔다.

"샘, 레오! 또 무슨 문제가 생겼니?"

도서관에 들어서자, 선생님이 물었다.

우리는 상으로 나누어 준 바퀴벌레들이 모두 되돌아왔다고 말했다. 선생님은 아무 말 없이 고개만 끄덕였다.

"아마 얘가 뿔피리일 거야. 지금은 새끼들도 뿔이 있어서 확실하진 않지만."

동생이 말했다.

"얘는 뿔이 없는데……"

내가 말했다.

"왜 어떤 바퀴벌레는 뿔이 있고, 어떤 것은 없을까?"

엄마가 우리에게 물었다.

"뿔이 있는 게 더 멋져 보이잖아요."

동생이 대답했다.

그때 선생님이 커다란 바퀴벌레 사진이 실린 곤충도감을 책꽂이에서 꺼내 주었다. 한 마리는 뿔이 있고, 한 마리는 뿔이 없었다.

"뛰어다니는 왕풍뎅이래!"

동생이 사진 아래 쓰인 글을 읽으며 소리쳤다.

"수컷은 머리 뒤에 돌기가 있고, 암컷은 없다."
나는 설명을 죽 읽어 내려갔다.

"나는 집게벌레 삼촌도 되고 싶어!"

동생이 말했다.

"엄마는 다 알고 있었죠?"

내가 물었다.

"그래, 그리고 너희가 이렇게 알아낼 것도 알고 있었지."

엄마가 웃으며 말했다.

동생과 나는 지금도 바퀴벌레를 키운다. 하지만 우리 귓속까지 바퀴벌레들이 드나들지는 않는다.

우리가 기르는 바퀴벌레들은 모두 수컷들이다. 암컷들은 도서관에서 살고 있다. 암컷과 수컷이 따로 사니까 새끼들이 생길 걱정도 없다.

선생님은 아직도 바퀴벌레를 만지지 못하지만, 아이들이 교대로 돌보니까 문제없다.

바퀴벌레들은 달콤한 사과 속에 사는 애벌레처럼 행복해 보인다. 동생이랑 나도 행복하다.

산더미처럼 쌓인 설거지를 할 때만 빼고 말이다.